Antonio
VIVALDI

CREDO

RV 591

Edited by

Clayton Westermann

Vocal Score
Klavierauszug

SERENISSIMA MUSIC, INC.

CONTENTS

ORCHESTRA

Bassoon (opt.), Keyboard
Violin I, Violin II, Viola, Violoncello,
Double Bass

CREDO
RV 591

1. Credo

Antonio Vivaldi
Edited by Clayton Westermann

Allegro

[f]

[Soprano] [f]
Cre - do,

[Alto] [f]
Cre - do,

[Tenor] [f]
Cre - do,

[Basses] [f]
Cre - do,

SERENISSIMA MUSIC, INC.

11
Cre - do, Cre - do in u-num De - um, Cre - do in u-num
Cre - do, Cre - do in u-num De - um, Cre - do in u-num
Cre - do, Cre - do in u-num De - um, Cre - do in u-num
Cre - do, Cre - do in u-num De - um, Cre - do in u-num
11
15
De - um, Pa - trem Om-ni-po - ten - tem, Pa - trem Om-ni - po-
De - um, Pa - trem Om-ni-po - ten - tem, Pa - trem Om-ni - po-
De - um, Pa - trem Om-ni-po - ten - tem, Pa - trem Om-ni - po-
De - um, Pa - trem Om-ni-po - ten - tem, Pa - trem Om-ni - po-
15

19
ten - tem, fac - to - rem coe - li, fac - to - rem
ten - tem, fac - to - rem coe - li, fac - to - rem
ten - tem, fac - to - rem coe - li, fac - to - rem
ten - tem, fac - to - rem coe - li, fac - to - rem
19
23
coe - li, fac - to - rem coe - li et
coe - li, fac - to - rem coe - li et
coe - li, fac - to - rem coe - li et
coe - li, fac - to - rem coe - li et
23

26
ter - rae, vi - si - bi - li - um om - ni - um
ter - rae, vi - si - bi - li - um om - ni - um
ter - rae, vi - si - bi - li - um om - ni - um
ter - rae, vi - si - bi - li - um om - ni - um
26
30
et in - vi - si - bi - li - um.
et in - vi - si - bi - li - um.
et in - vi - si - bi - li - um.
et in - vi - si - bi - li - um.
30

Et in u - num Do - mi - num,

Et in u - num Do - mi - num,

Et in u - num Do - mi - num,

Et in u - num Do - mi - num,

Je - sum ___ Chri - stum, Fi - li - um

Je - sum ___ Chri - stum, Fi - li - um

Je - sum ___ Chri - stum, Fi - li - um

Je - sum ___ Chri - stum, Fi - li - um

8

Lyrics:
De — i, Fi — li-um De — i u — ni-ge — ni-tum. Et ex Pa — tre na — tum,

an - te om - ni - a sae - cu - la.

De - um de De - o, lu - men de lu - mi - ne,

10

De - um ve - rum de De - o _____ ve -
De - um ve - rum de De - o _____ ve -
De - um ve - rum de De - o _____ ve -
De - um ve - rum de De - o _____ ve -

ro. Ge - ni-tum non fac - tum,
ro. Ge - ni-tum non fac - tum,
ro. Ge - ni-tum non fac - tum,
ro. Ge - ni-tum non fac - tum,

65
con sub - stan - ti - a - lem
con sub - stan - ti - a - lem
con sub - stan - ti - a - lem
con sub - stan - ti - a - lem
65
68
Pa - tri, per quem om - ni - a,
Pa - tri, per quem om - ni - a,
Pa - tri, per quem om - ni - a,
Pa - tri, per quem om - ni - a,
68

72 per quem om - ni - a fac - ta sunt, per quem

76 om - ni - a fac - ta sunt. Qui

80
prop - ter nos ho - mi-nes, et prop - ter no - stram sa -
prop - ter nos ho - mi-nes, et prop - ter no - stram sa -
prop - ter nos ho - mi-nes, et prop - ter no - stram sa -
prop - ter nos ho - mi-nes, et prop - ter no - stram sa -
80
84
lu - tem de - scen - dit, de - scen - dit de coe -
lu - tem de scen - dit, de - scen - dit de coe -
lu - tem de - scen - dit, de - scen - dit de coe -
lu - tem de - scen - dit, de - scen - dit de coe -
84

lis, de - scen - dit, de - scen - dit de ____ coe -

lis, de - scen - dit de coe -

lis, de - scen - dit de coe -

lis, de - scen - dit de coe -

lis.

lis.

lis.

lis.

2. Et Incarnatus Est

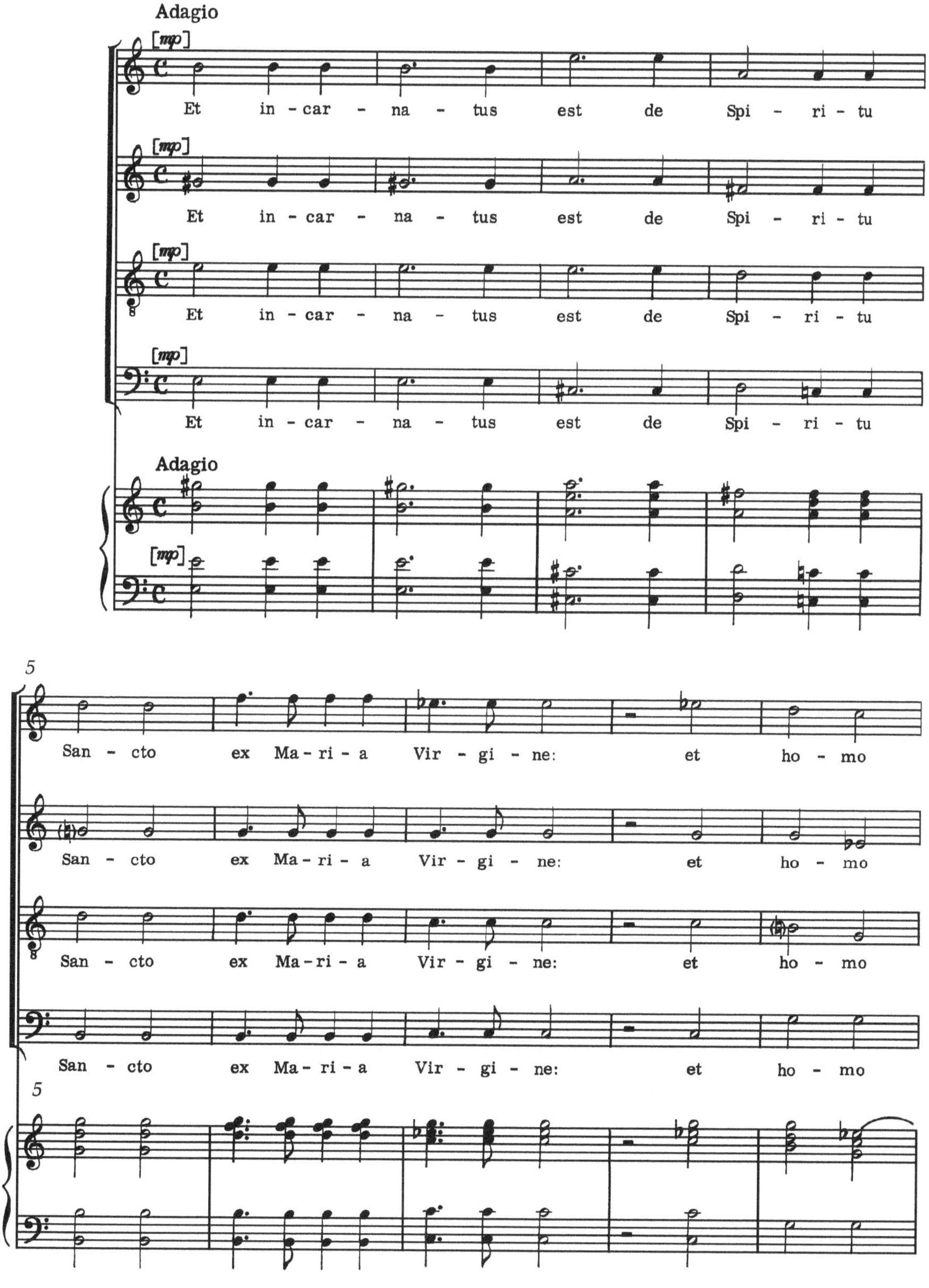

10
fac - - - -
fac - - - -
fac - - - -
fac - - - -
10
15
p
- tus est, et ho - mo fac - tus est.
- tus est, et ho - mo fac - tus est.
- tus est, et ho - mo fac - tus est.
- tus est, et ho - mo fac - tus est.
15
p
p

3. Crucifixus

5
e - ti - am pro no - bis: sub
e - ti - am pro no -
Cru - ci - fi - xus e - ti - am pro no -
fi - xus e - ti - am pro no -
5
7
Pon - ti - o Pi - la - to, pas - sus, pas - sus et
bis:
bis:
bis:
7

9
se - pul - tus est, pas - sus, pas - sus,
pas - sus, pas - sus, pas - sus et se -
pas - sus, et se -
pas - sus et se - pul - tus
9
11
pas - sus et se - pul - tus est.
pul - tus est, et se - pul - tus est.
pul - tus est. Cru - ci -
pas - sus et se - pul - tus est.
11

13
E - ti - am pro no - bis cru - ci - fi - xus,
Cru - ci - fi - xus, cru - ci -
fi - xus e - ti - am pro no - bis, e - ti - am pro
Cru - ci - fi - xus, cru - ci -
13
15
E - ti - am e - ti - am pro no - bis:
fi - xus e - ti - am pro no - bis:
no - bis: sub Pon - ti - o Pi - la - to pas - sus,
fi - xus e - ti - am pro no - bis: sub
15

17
pas - sus et se - pul - tus
Pon - ti - o Pi - la - to pas - sus_ et se - pul - tus
17
19
pas - sus, pas - sus et se -
pas - sus pas -
est, pas - sus, pas - sus, pas - sus,
est, et se -
19

21
pul - tus est, et se - pul - tus est,
- sus et se - pul - tus est,
pas - sus,
pul - tus et se - pul - tus est, pas -
21
23
pas - sus et se - pul - tus
pas - sus, pas - sus, pas - sus et se - pul - tus est,
pas - sus, pas - sus, pas - sus et se - pul - tus
- sus, pas - sus et se - pul - tus
23

25
est, pas - sus, pas -
pas - sus, et se -
est,
est, pas - sus, pas -
25
27
sus et se - pul - tus, et se - pul - tus
pul - tus, et se - pul - tus, et se - pul - tus
et se - pul - tus et se - pul - tus
- sus et se - pul - tus
27

est, pas - sus, pas - - - sus et se -

est, pas - sus, pas - sus et se -

est, et se - pul - tus, et se -

est, et se - pul - tus, et se -

pul - tus est, et se - pul - tus est.

pul - tus est, et se - pul - tus est.

pul - tus est, et se - pul - tus est.

pul - tus est, et se - pul - tus est.

4. Et Resurrexit

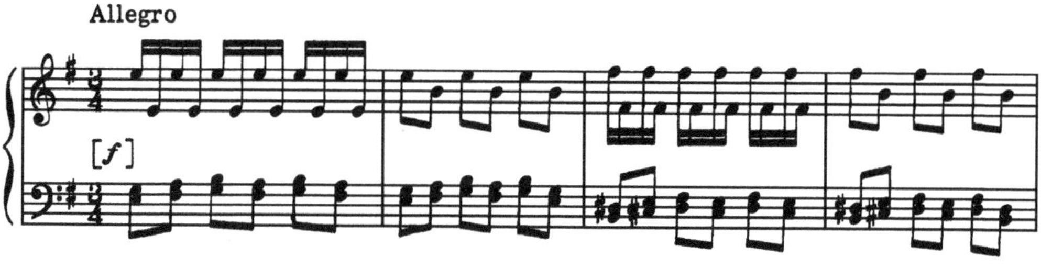

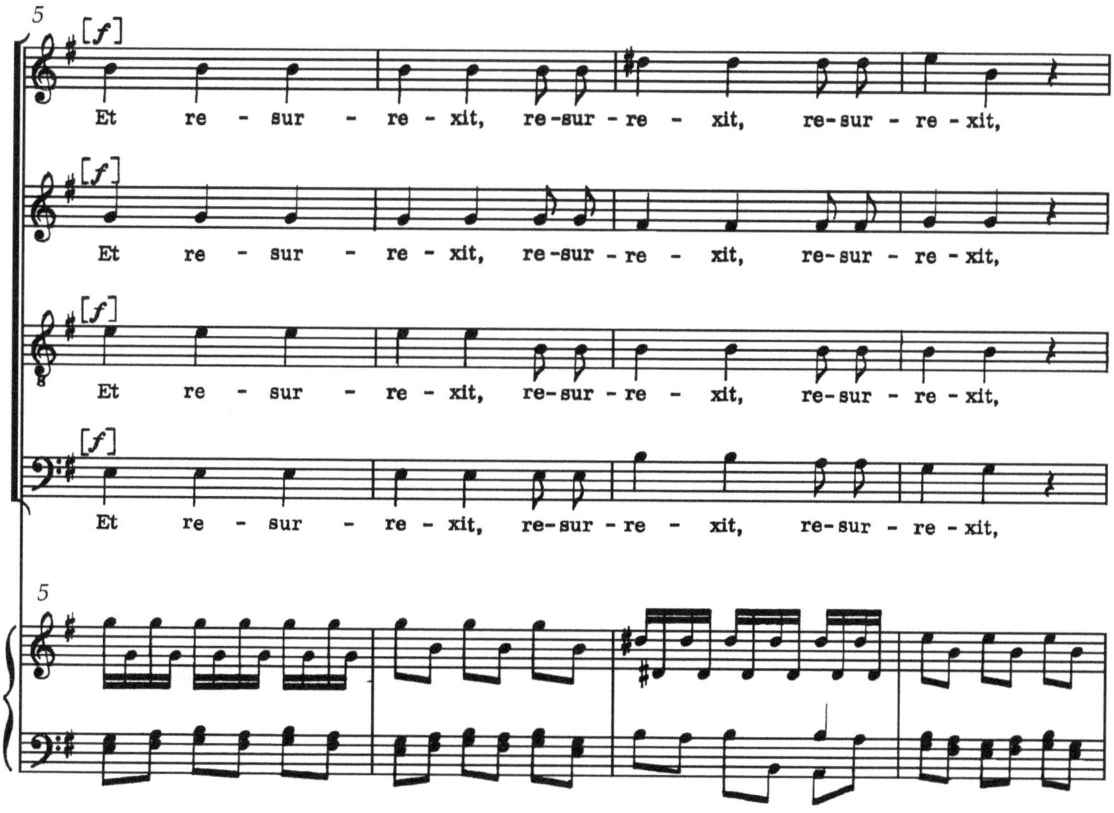

9
ter - ti - e di - e, se - cun - dum Scrip - tu - ras, se -
ter - ti - e, di - e, se - cun - dum Scrip - tu - ras, se -
ter - ti - e di - e, se - cun - dum Scrip - tu - ras, se -
ter - ti - e di - e, se - cun - dum Scrip - tu - ras, se -
9
13
cun - dum Scrip - tu - ras. Et a -
cun - dum Scrip - tu - ras. Et a -
cun - dum Scrip - tu - ras. Et a -
cun - dum Scrip - tu - ras. Et a -
13

17
scen - dit in coe - lum, et a - scen - dit in
scen - dit in coe - lum, et a - scen - dit in
scen - dit in coe - lum, et a - scen - dit in
scen - dit in coe - lum, et a - scen - dit in
17
21
coe - lum! se - det ad dex - te - ram, se - det ad
coe - lum! se - det ad dex - te - ram, se - det ad
coe - lum! se - det ad dex - te - ram, se - det ad
coe - lum! se - det ad dex - te - ram, se - det ad
21

25
dex - te - ram Pa - tris. Et
dex - te - ram Pa - tris. Et
dex - te - ram Pa - tris. Et
dex - te - ram Pa - tris. Et
25
29
i - te - rum ven - tu - rus est cum
i - te - rum ven - tu - rus est cum
i - te - rum ven - tu - rus est cum
i - te - rum ven - tu - rus est cum
29

33
glo - ri - a ju - di - ca - re vi - vos
glo - ri - a ju - di - ca - re vi - vos
glo - ri - a ju - di - ca - re vi - vos
glo - ri - a ju - di - ca - re vi - vos
33
37
et mor - tu - os, ju - di - ca - re, ju - di -
et mor - tu - os, ju - di - ca - re, ju - di -
et mor - tu - os, ju - di - ca - re, ju - di -
et mor - tu - os, ju - di - ca - re, ju - di -
37

40
ca - re, ju - di - ca - re, ju - di - ca - re,
ca - re, ju - di - ca - re, ju - di - ca - re,
ca - re, ju - di - ca - re, ju - di - ca - re,
ca - re, ju - di - ca - re, ju - di - ca - re,
40
43
ju - di - ca - re, ju - di - ca - re, vi - vos
ju - di - ca - re, ju - di - ca - re, vi - vos
ju - di - ca - re, ju - di - ca - re, vi - vos
ju - di - ca - re, ju - di - ca - re, vi - vos
43

46
et mor - tu - os: cu - jus
et mor - tu - os: cu - jus
et mor - tu - os: cu - jus
et mor - tu - os: cu - jus
46
50
re - gni non e - rit fi -
re - gni non e - rit fi -
re - gni non e - rit fi -
re - gni non e - rit fi -
50

53
nis. Et in Spi - ri - tum Sanc - tum
nis. Et in Spi - ri - tum Sanc - tum
nis. Et in Spi - ri - tum Sanc - tum
nis. Et in Spi - ri - tum Sanc - tum
53
57
Do - mi - num, et vi - vi - fi - can - tem: qui ex
Do - mi - num, et vi - vi - fi - can - tem: qui ex
Do - mi - num, et vi - vi - fi - can - tem: qui ex
Do - mi - num, et vi - vi - fi - can - tem: qui ex
57

Pa — tre Fi — li — o — — que pro — ce —

Pa — tre Fi — li — o — — que pro — ce —

Pa — tre Fi — li — o — — que pro — ce —

Pa — tre Fi — li — o — — que pro — ce —

dit. Qui cum Pa — tre, et Fi — li — o

dit. Qui cum Pa — tre, et Fi — li — o

dit. Qui cum Pa — tre, et Fi — li — o

dit. Qui cum Pa — tre, et Fi — li — o

si - mul a - do - ra - tur, et con - glo - ri - fi -

si - mul a - do - ra - tur, et con - glo - ri - fi -

si - mul a - do - ra - tur, et con - glo - ri - fi -

si - mul a - do - ra - tur, et con - glo - ri - fi -

ca - tur: qui lo - cu - tus est per Pro - phe -

ca - tur: qui lo - cu - tus est per Pro - phe -

ca - tur: qui lo - cu - tus est per Pro - phe -

ca - tur: qui lo - cu - tus est per Pro - phe -

75
tas. Et u - num san - ctam, san - ctam ca -
tas. Et u - num san - ctam, san - ctam ca -
tas. Et u - num san - ctam, san - ctam ca -
tas. Et u - num san - ctam, san - ctam ca -
75
79
tho - li-cam et a - po - sto - li-cam Ec - cle - si -
tho - li-cam et a - po - sto - li-cam Ec - cle - si -
tho - li-cam et a - po - sto - li-cam Ec - cle - si -
tho - li-cam et a - po - sto - li-cam Ec - cle - si -
79

83
am. Con - fi - te - or u - num bap -
am. Con - fi - te - or u - num bap -
am. Con - fi - te - or u - num bap -
am. Con - fi - te - or u - num bap -
83
87
ti - sma in re - mis - si - o - nem pec -
ti - sma in re - mis - si - o - nem pec -
ti - sma in re - mis - si - o - nem pec -
ti - sma in re - mis - si - o - nem pec -
87

90
ca - to - rum. Et ex - pec - to
ca - to - rum. Et ex - pec - to
ca - to - rum. Et ex - pec - to
ca - to - rum. Et ex - pec - to
90
94
re - sur-rec-ti - o - nem, re - sur-rec-ti - o - nem mor -
re - sur-rec-ti - o - nem, re - sur-rec-ti - o - nem mor -
re - sur-rec-ti - o - nem, re - sur-rec-ti - o - nem mor -
re - sur-rec-ti - o - nem, re - sur-rec-ti - o - nem mor -
94

98
tu - o - rum, in re-sur-rec - tio - nem
tu - o - rum, in re-sur-rec - tio - nem
tu - o - rum, in re-sur-rec- tio - nem
tu - o - rum, in re-sur-rec - tio - nem
98
102
mor - tu - o - -
mor - tu - o - -
mor - tu - o - -
mor - tu - o - -
102

105
rum. Et vi - tam ven - tu - ri sac-cu - li, et
rum. A -
rum.
rum.
105
109
vi - tam ven - tu - ri sae - cu - li. A -
- - men, a -
109

113
men. A – men.
men. Et vi – tam ven – tu – ri
A – –
113
116
A – men. A – men, A – men, A – men.
sae – cu – li. A – men. In
– men. A – men. In
116

120
A – men, A – men,
sae – cu – la sae – cu – lo – rum, A – men,
sae – cu – la sae – cu – lo – rum, in sae – cu – la sae – cu –
A – –
120
123
A – men. A –
A – men, A – men. A –
lo – rum, A – men. A –
– men, A – men. A –
123

127
- men. A - men,
- men. A - men,
- men. A - men,
- men. A - men,
127
130
A - men.
A - men.
A - men.
A - men.
130

www.ingramcontent.com/pod-product-compliance
Lightning Source LLC
Chambersburg PA
CBHW081153040426
42445CB00015B/1873